Zwierzęta moje hobby

Autor: Joanna Werner
Redaktor prowadzący: Maria Domińczyk
Redakcja: Małgorzata Pilecka
Korekta: Maria Domińczyk
Opracowanie graficzne i skład: Hector Studio
Projekt okładki: Artur Rogala

Autorzy zdjęć: © 4028mdk09, © Africa Studio, © Alejandro Vera Temiño, © Alena Ozerova, © AleXXw, © Anatolii, © AndiW, © Andrea Westmoreland, © apple2499, © Arjan Haverkamp, © Arne-kaiser, © Artem Rudik, © AtiwatPhotography, © bemusedalien, © Bennybongmix, © BEPictured, © Best dog photo, © Bildagentur Zoonar GmbH, © BlueOrange Studio, © Bogdan Sonjachnyj, © Boris Sosnovyy, © BritishEmpire, © Brocken Inaglory, © Cat19y, © chapmankj75, © cheetahok, © Chepko Danil Vitalevich, © chin797, © Clément Bardot, © Daniel Francisco Madrigal Möller, © Daniel Schwen, © Darren Johnson, © David Pegzlz, © DementevaJulia, © dien, © Dr. Bernd Gross, © Drägüs, © Drew Avery, © dwphotos, © E.m., © Eric Isselée, © Ermolaev Alexander, © Evannovostro, © fon.tepsoda, © fotolia.com, © freepek.pl, © Galina Niederhaus, © Galleytrotter, © Gemenacom, © Glaue2dk, © Gophi, © GracefulFoto, © Greg Hume, © Grezova Olga, © Grigorev Mikhail, © Grigorita Ko, © H. Zell, © Hans Bernhard (Schnobby), © Harold Cecchetti, © Николай Татары, © Iakov Filimonov, © Innsmouthcitizen, © Irauskell, © Jakub Hałun, © Jaromir Chalabala, © Jiel, © Jiří Hůlka, © Joergbieszczak, © Jörg Hempel, © Juan Emilio, © Kachalkina Veronika, © Katja Schulz, © Keith Pomakis, © KENPEI, © Kimdie, © Kocsis Sandor, © Kristina Ethridge, © Ksenia Raykova, © kurhan, © Kuttelvaserova Stuchelova, © Lapina, © Lappo Alexander, © LDiza, © Linas T, © Linsenhejhej, © lithian, © Locaguapa, © Ltshears, © Lucia Kohutova, © Lxowle, © MaaDerLaa, © Maksym Kozlenko, © Mar lena, © Marie Dirgova, © Marsiyanka, © Masalenasi, © Maslov Dmitry, © Matk, © meander, © MeePoohyaPhoto, © Melissa Wolff, © Mike Peel, © Mike Price, © Mirko Rosenau, © MZPHOTO.CZ, © Napat, © Nataliya Kuznetsova, © Niccolò Caranti, © Niko smile, © ninell, © oBebee, © OberonNightSeer, © OkayNonthanakorn, © Oleg Kozlov, © Onishchenko Natalya, © Oskari Porkka, © Pampelino, © Papooga, © Pascal, © Patryk Kosmider, © Paul Reeves photography, © Peter Wey, © Petr Ptačin, © Petra Kohlstädt, © PHOTO FUN, © photosvac, © photo_master2000, © Pierre Camateros, © pixabay.com, © Pogrebnoj-Alexandroff, © Sage Ross, © Sandra van der Steen, © Sarah Fleming, © Sarah2, © scigelova, © Sergii Figurnyi, © Sergiy Bykhunenko, © Shai Asor, © shutterstock, © Siobhan Pisano, © Snottywong, © spacebirdy, © Steve Jurvetson, © Subbotina Anna, © Super Prin, © Tatyana Vyc, © TDKR Chicago 101, © The physicist, © ThefotosoloNo1, © think4photop, © Thorr, © Tim Felce (Airwolfhound), © Timolina, © Tobycat, © trabantos, © VISKA, © Vitalii Hulai, © Vogelartinfo, © w?odi, © Weimar, © wikicommons, © William Warby, © Wm Jas, © Wojciech J. Płuciennik, © xxrevsxx, © Zanna Holstova, © Zeddammer

ISBN 978-83-7740-800-1
© Copyright 2017 PWH ARTI Artur Rogala, Mariusz Rogala sp.j.
Ożarów Mazowiecki 2019

Wszelkie prawa zastrzeżone.
Żadna część niniejszej publikacji nie może być reprodukowana, zapisywana w systemach pamięciowych lub przekazywana w jakiejkolwiek formie za pośrednictwem jakichkolwiek środków przekazu: elektronicznych, systemu fotokopii, nagrań lub innych metod bez pisemnej zgody właściciela praw autorskich.

PRZEDSIĘBIORSTWO WYDAWNICZO-HANDLOWE „ARTI"
Artur Rogala, Mariusz Rogala-Spółka Jawna
05-850 Ożarów Mazowiecki,
ul. Sochaczewska 31, Macierzysz
tel./fax 22 6314158, tel. 22 6316080
e-mail: wydawnictwoarti@wp.pl, redakcja@artiwydawnictwo.pl; www.artiwydawnictwo.pl

Wstęp

Ludzie – szczególnie dzieci – uwielbiają zwierzęta. Urocze pieski, miękkie kocięta, puchate króliczki, małe chomiki, a nawet rybki… Któż nie chciałby ich mieć. W licznych badaniach stwierdzono, że obecność zwierząt w domu ma dobry wpływ na człowieka. Opieka nad zwierzęciem uczy dziecko odpowiedzialności, tolerancji i bezinteresowności. Jednak decyzja o kupnie lub adopcji zwierzęcia powinna być zawsze dokładnie przemyślana. Przecież każdy zwierzak to żywe stworzenie, które może nam towarzyszyć przez kilka, kilkanaście, a nawet kilkadziesiąt lat. Może chorować, a na pewno będzie się starzeć i wymagać opieki weterynaryjnej, co bywa kosztowne.

Wybierając zwierzę dla rodziny, należy wziąć pod uwagę różne aspekty. Warto, by rodzice uświadomili sobie i dzieciom, że przyjęcie do domu zwierzęcia to nie tylko przyjemność, ale też troski. Zwierzęta bywają bardziej lub mniej przystosowane do danego środowiska, bardziej lub mniej przyjazne w stosunku do dorosłych i dzieci lub innych zwierząt czy też bardziej lub mniej absorbujące w czasie zabiegów pielęgnacyjnych. Wybierając odpowiednie dla siebie zwierzę, należy krytycznie ocenić, czy mamy czas i miejsce dla niego oraz czy chcemy zajmować się jego potrzebami. Dopiero wtedy warto rozważyć wybór gatunku, gdyż wygląd zwierzątka nie może stanowić głównego kryterium.

Rodzice powinni pokazać dziecku, jak należy zajmować się pupilem, a po pewnym czasie maluch będzie mógł przejąć niektóre obowiązki, np. podawać wodę lub jedzenie. Dorośli nie powinni wyręczać swoich pociech we wszystkich opiekuńczych czynnościach. Warto też pamiętać, że zwierzęcia nie można dawać jako prezent lub nagrodę za dobre sprawowanie. Zwierzak nie może być też „maskotką" kupioną na pocieszenie.

Mamy nadzieję, że książka, którą trzymasz w ręce, rozwieje choć część wątpliwości i pomoże dokonać wyboru odpowiedniego przyjaciela spośród tak różnych zwierząt domowych. Nie bój się wyzwań – zaopiekuj się zwierzęciem.

Kot

Uważa się, że kot jest indywidualistą, chodzi własnymi ścieżkami i na ludzi patrzy z góry. Nic bardziej mylnego, choć zwierzak ten nie zawsze przychodzi na zawołanie. Kocia miłość jest bezwarunkowa i bezinteresowna. Kot, podobnie jak pies, zaprzyjaźni się człowiekiem i przywiąże się do niego. Co ciekawe, udowodniono, że posiadanie kota zmniejsza poziom stresu, a głaskanie go obniża ciśnienie krwi. Koty dobrze wyczuwają ludzkie nastroje i potrafią pocieszyć właściciela, przytulając się do niego i mrucząc.

Koty wyrażają emocje za pomocą głosu i mowy ciała. Mruczą, nie tylko gdy są zadowolone, ale też kiedy coś je boli lub są zestresowane (tak dodają sobie otuchy). Ocierają się o opiekuna lub różne przedmioty, oznaczając w ten sposób swoją własność. Udeptują nam kolana lub brzuch, lekko wysuwając pazury. Ten odruch z kociego dzieciństwa to wyraz miłości i zaproszenie do pieszczot.

Koty lubią się bawić pluszowymi myszkami, wypchanymi, grzechoczącymi fasolkami lub piłeczkami. Czasem nawet aportują. Chętnie korzystają ze specjalnych tuneli z dziurkami, przez które mogą wystawiać łapki. Ale najlepszą zabawką dla kota jest tekturowe pudło. Zwierzak będzie chciał wejść do środka nawet wtedy, gdy karton jest dla niego zdecydowanie za mały.

Z kotem nie trzeba wychodzić na spacer, gdyż załatwia się do kuwety. Musi się jednak tego nauczyć, i to jak najwcześniej. Dobrze, by kuwet było zawsze o jedną więcej niż kotów w domu. Niestety jej lokalizację często wybiera sam kot. Zwierzę musi też zaakceptować rodzaj kuwety (otwarta, zamknięta) oraz odmianę żwirku (bentonitowy, drewniany, silikonowy).

Kot musi mieć stały dostęp do czystej wody, ale do jedzenia już niekoniecznie. Powinien być karmiony dwa lub trzy razy dziennie. Dietę trzeba dostosować do potrzeb i trybu życia kota. Dorosłym kotom nie powinno się podawać krowiego mleka (może wywoływać biegunki) i pod żadnym pozorem czekolady (może być dla nich trująca).

Kot sam dba o czystość futerka. Szorstkim językiem myje się kilka razy dziennie, nawilżonymi łapkami zaś czyści pyszczek. Jeśli jednak kot wybrudzi się czymś, co może okazać się dla niego toksyczne (np. farbą, smarem), trzeba go wykąpać, używając specjalnych szamponów dla kotów. Koty należy czesać, nawet te krótkowłose. W ten sposób usuwa się martwe włosy. Przeciwko pasożytom, w tym pchłom i kleszczom, należy stosować specjalne preparaty. Kotu, który nie wychodzi na zewnątrz, trzeba co jakiś czas przycinać pazurki.

W opiece nad mruczkiem pomogą: miękkie posłanie, ceramiczne miseczki na wodę i pokarm, kuweta, drapak, zabawki, transporter, grzebień, szczotka i obcinacz do pazurów.

Kot brytyjski jest przyjazny i pogodny. Pozostawiony sam w domu umie znaleźć sobie zajęcie. Chętnie się bawi lub grzecznie śpi na kanapie. Jego futerko wystarczy czesać raz w tygodniu.

Maine coon jest bardzo towarzyski i może mieszkać z innymi kotami, a nawet z psem. Nie jest konfliktowy ani agresywny. Przywiązuje się do właściciela i lubi zabawy z dziećmi. Mimo dłuższego włosa wystarczy czesać go raz w tygodniu. Jego futro się nie kołtuni. Trzeba za to regularnie dbać o jego zęby (myć je specjalną szczoteczką i usuwać kamień).

Kot norweski leśny jest inteligentny i niezależny. Ma nieco dziki wygląd. Jego uszy mają kształt podobny do tych u rysia. Lubi ludzi, ale może nie akceptować innych kotów. Uwielbia się bawić, chętnie poluje na myszy i łowi ryby. Powinien być czesany 2-3 razy w tygodniu. Regularnie należy sprawdzać jego uszy – często dochodzi do ich infekcji.

Persa poznać można po płaskim pyszczku i krótkim nosie. To kot bardzo spokojny (nie psoci, nie biega po mieszkaniu) i pozbawiony agresji. Nie drapie i nie gryzie, nawet przypadkiem w czasie zabawy. Niestety jego pielęgnacja jest bardzo wymagająca. Persa trzeba czesać codziennie grzebieniem ze stali nierdzewnej (nie można tego zaniedbać, futro ma tendencję do kołtunienia) oraz czyścić oczy i nos (szczególnie po posiłku).

Sfinksa charakteryzuje brak sierści. Jego skóra jest ciepła w dotyku i przypomina zamsz. Koty te wspaniale mruczą, ale nie lubią głaskania. Zwykle nie akceptują innych zwierząt. Zimą sfinksa warto ubrać, latem zaś ograniczać przebywanie na słońcu, gdyż może ulec poparzeniom, podobnie jak człowiek. Od czasu do czasu trzeba go kąpać i regularnie czyścić uszy oraz usuwać zanieczyszczenia gromadzące się w fałdach skórnych.

WARTO WIEDZIEĆ
Warto wysiać w doniczce trawę lub owies dla kota. To nie tylko uchroni domowe rośliny, ale też pomoże kotu pozbyć się włosów zbierających się w żołądku.

Pies

Pies to jedno z najwcześniej udomowionych zwierząt, które uważane jest za najlepszego przyjaciela człowieka. To także najpopularniejsze zwierzę domowe na świecie. Spotkać je można prawie wszędzie tam gdzie człowieka. Pies zawsze ma czas dla swojego opiekuna, wyczuwa jego nastroje i jest cierpliwym słuchaczem. Zwykle lubi towarzystwo dzieci i daje dużo radości.

Psy lubią zabawę i prezenty. Dlatego warto pozwolić dziecku wybrać jakąś zabawkę dla pupila. Może to być piłeczka, gumowa kość lub psie słodycze. Wspólna zabawa i nagrody pomagają w budowie więzi między psem a człowiekiem.

Posiadanie psa to nie tylko radość, ale też obowiązki. Najważniejsze są spacery, podczas których pies załatwia potrzeby fizjologiczne. Zwykle wystarczą cztery dziennie, w tym jeden dłuższy. Psa należy kąpać, wtedy gdy jest brudny lub wymaga tego rasa. Zwierzak powinien być też regularnie szczotkowany, nawet ten krótkowłosy. Strzyżenie sierści ułatwia pielęgnację oraz walkę z ewentualnymi pasożytami. Ważne jest także czyszczenie psich zębów i przycinanie pazurów.

Niezbędnik dla psiaka stanowią: posłanie, miski na jedzenie i wodę, przybory do szczotkowania, obroża i smycz oraz zabawki. Każdego psa należy nauczyć chodzenia na smyczy i prostych komend, takich jak: stój, zostaw, siad, do nogi czy daj łapę. Kiedy pies wykonuje polecenia prawidłowo, warto go nagrodzić.

Pies jest zwierzęciem stadnym, dlatego nie lubi zostawać sam w domu. Może wtedy szczekać, a nawet nabroić. Krok po kroku trzeba go jednak przyzwyczajać do tej sytuacji, pozostawiając go najpierw na krótko (np. 15 minut), a z czasem na coraz dłuższy okres. Pies uczy się wtedy, że wychodzisz, ale zawsze wracasz. Warto mu zostawić jakieś zabawki do gryzienia.

Psa nie wolno przekarmiać, a jego dietę należy dostosować do rasy. Zwierzak nie powinien mieć ciągłego dostępu do jedzenia ani dostawać resztek ze stołu. Psim przysmakiem są kości, stanowiące źródło wapnia. Dzięki nim pies czyści też swoje zęby.

WARTO WIEDZIEĆ
Nawet pies bardzo łagodny z natury może przejawiać agresję wobec dziecka, gdy zostanie sprowokowany lub skrzywdzony, choćby niechcący w zabawie. Dorosły opiekun zawsze powinien zachować czujność.

Beagle jest ruchliwy i bywa hałaśliwy. Nie lubi samotności. Jest bardzo rodzinny i świetnie dogaduje się z dziećmi, szczególnie tymi energicznymi. Kocha jeść, więc trzeba uważać na jego dietę, gdyż ma tendencję do tycia. Wymaga codziennych, długich spacerów.

Goldeny są inteligentne, bardzo łagodne i posłuszne. Idealnie sprawdzają się w dogoterapii. Przywiązują się do ludzi, bardzo lubią towarzystwo rodziny i dzieci. Chętnie się z nimi bawią. Tolerują też inne zwierzęta. Wymagają sporej dawki ruchu, czyli co najmniej jednego godzinnego spaceru w ciągu dnia.

Labrador będzie dobrym wyborem dla początkujących opiekunów. Jest wesoły, lubi pieszczoty i kontakt z dziećmi. Znosi niemal wszystkie pomysły najmłodszych domowników z wręcz anielską cierpliwością. Pozytywnie reaguje na inne zwierzęta. Potrzebuje długich spacerów, połączonych od czasu do czasu z pływaniem.

Mops jest pozytywnie nastawiony do całego świata, dlatego świetnie rozumie się zarówno z dziećmi, jak i z czworonożnymi towarzyszami. Nadaje się do małego mieszkania. Jest typowym kanapowcem, który uwielbia głaskanie i inne pieszczoty. Niestety często chrapie. Oczy i zmarszczki na czole mopsa trzeba codziennie przecierać.

Yorkshire terier jest aktywnym pieskiem, który wejdzie wszędzie i skoczy z każdej wysokości. Lubi towarzystwo ludzi. Trzeba jednak uważać, bowiem niebyt dobrze reaguje na zaczepki ze strony mniejszych dzieci – może ugryźć w odruchu samoobrony. Wymaga regularnych kąpieli, mycia specjalnymi szamponami i codziennego czesania.

CIEKAWOSTKA
Pies widzi kolory inaczej niż człowiek, dlatego nie należy mu kupować zabawek w jaskrawych barwach. Nie będzie ich umiał odróżnić od innych przedmiotów znajdujących się w otoczeniu. Pies ma za to świetny słuch. Umie zapamiętać odgłos silnika samochodu właściciela czy jego kroki.

Gryzonie

Gryzonie to ssaki przeważnie roślinożerne, które charakteryzują się pojedynczą parą stale rosnących, ostrych siekaczy. Wykorzystują je do gryzienia pokarmu, kopania jam i obrony. Mają też bardzo dobrze rozwinięte zmysły węchu, słuchu i wzroku, a także smaku. Dzięki niemu potrafią rozróżnić smak słodki, słony, gorzki oraz kwaśny. Ich ciało jest dobrze zbudowane. Typowe są krótkie kończyny i długi ogon, choć istnieją wyjątki.

Chomik

Chomik to najpopularniejszy gryzoń hodowany w domu. Opieka nad nim nie sprawia kłopotu, a w jego pielęgnacji śmiało mogą uczestniczyć dzieci.

Chomik bardzo lubi się bawić, dlatego warto kupić kołowrotek (przez jedną noc chomik może w nim przebiec ponad 12 km!), plastikowe rury czy drabinki do wspinania. Do zabawy mogą posłużyć mu też tekturowe rolki po papierze toaletowym lub gałązki drzew owocowych. W pojemniku z piaskiem chomik chętnie będzie brał suche kąpiele.

Chomik ma specjalne worki policzkowe, które służą do transportu pożywienia. Kiedy je napełni, mogą stać się cztery razy większe od jego głowy. Zwierzę opróżnia worki policzkowe, pocierając je przednimi kończynami. Chomika karmi się gotowymi mieszankami, które zawierają pszenicę, owies, kukurydzę, słonecznik, len, orzechy włoskie, laskowe i ziemne. Zwierzątko lubi też marchewkę, ogórki, cukinię, jabłka i banany.

Metalowa klatka dla chomika powinna stać w spokojnym miejscu, z dala od telewizora i radia, gdyż zwierzątko to jest wrażliwe na hałas. Musi być spora, by chomik mógł w niej biegać, i mieć piętro, gdyż gryzoń ten lubi się wspinać. Plastikowe dno (łatwo je czyścić) można wyłożyć trocinami (doskonale chłoną wilgoć), sianem i skrawkami szmatek oraz specjalnym żwirkiem dla gryzoni. W klatce musi znaleźć się wiszące poidełko, ceramiczna miseczka na pokarm oraz drewniany domek, w którym chomik wymości sobie gniazdo. Za kuwetę może posłużyć położony słoik.

WARTO WIEDZIEĆ
Chomików nie wolno karmić kruchą sałatą, cebulą, fasolą, solonymi orzeszkami i słodyczami. Nieobrane ze skórki migdały są dla nich trujące.

Kawia domowa

Kawia domowa, nazywana potocznie świnką morską, jest doskonałym towarzyszem dla dzieci. Choć na początku bywa nieco płochliwa i nieufna, to kiedy zdobędziemy jej zaufanie, będzie radośnie popiskiwać na nasz widok i chętnie poddawać się pieszczotom. Opieka nad świnką jest łatwa, a niezbędnym zabiegiem pielęgnacyjnym jest przycinanie pazurków.

Dno klatki dla świnki morskiej wysypujemy trocinami lub drewnianymi pałeczkami (pelletami), które trzeba wymieniać co najmniej raz w tygodniu. W klatce musi być wiszące poidełko (inaczej kawia rozleje lub zabrudzi wodę), ceramiczna miseczka na pokarm i paśnik ze świeżym sianem. Za schronienie dla świnki posłuży drewniany domek.

Świnki lubią zabawę. Przydadzą się więc wszelkiego rodzaju rurki i tunele, pochylnie, drabinki czy wiszące zabawki. Kawie są bardzo inteligentne, dlatego sprawdzą się kryjówki na jedzenie, które otwierają się, kiedy świnka podniesie klapkę. Co jakiś czas kawię warto też wypuścić z klatki, pamiętając o zabezpieczeniu kabli – zwierzątko może mieć ochotę na ich podgryzanie.

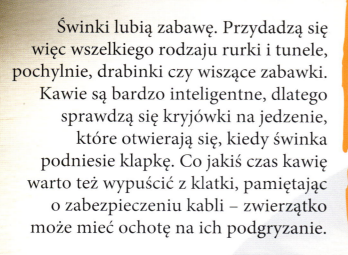

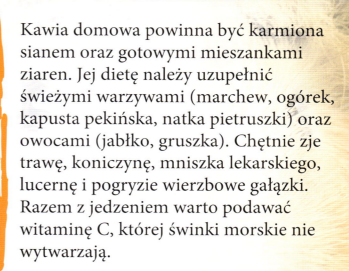

Kawia domowa powinna być karmiona sianem oraz gotowymi mieszankami ziaren. Jej dietę należy uzupełnić świeżymi warzywami (marchew, ogórek, kapusta pekińska, natka pietruszki) oraz owocami (jabłko, gruszka). Chętnie zje trawę, koniczynę, mniszka lekarskiego, lucernę i pogryzie wierzbowe gałązki. Razem z jedzeniem warto podawać witaminę C, której świnki morskie nie wytwarzają.

WARTO WIEDZIEĆ

Kręgosłup świnki jest delikatny, dlatego kiedy bierzemy ją na ręce, musi mieć podparte przednie i tylne łapki. Przenosząc ją w inne miejsce, warto przytulić zwierzątko do piersi. Będzie czuć się bezpiecznie, a my nie sprawimy mu bólu i nie narazimy na uraz.

Mysz

Myszki to bardzo inteligentne i lubiące pieszczoty zwierzątka. Codziennie trzeba dla nich wygospodarować przynajmniej godzinę, i to nie tylko na wymianę trocin czy karmienie. Zaniedbywanie kontaktów z człowiekiem może bowiem prowadzić do zdziczenia tego małego gryzonia.

Myszy są zwierzętami stadnymi, dlatego najlepiej zdecydować się od razu na dwie. W towarzystwie będzie im po prostu raźniej. Trzeba jednak pamiętać, że niespokrewnione samce mogą się nie akceptować, zaś zakup parki na pewno doprowadzi do ciąży, a wtedy może się urodzić nawet kilkanaście myszek.

W sklepie zoologicznym można kupić specjalne karmy dla myszy, ale zwierzątko można też karmić zbożem, sianem, warzywami i owocami, ale nie cytrusami. Myszom można podawać przysmaki przeznaczone dla chomików i świnek morskich.

Dla myszek najlepiej wybrać klatkę dwupiętrową, ponieważ bardzo lubią się wspinać. Ułatwią im to także dodatkowe drabinki i tunele. Dno klatki wysypujemy trocinami. Musi być ich sporo, gdyż myszka chętnie będzie w nich kopać. W wiszącym poidełku powinno być tyle wody, by zwierzątko wypiło ją w ciągu jednego dnia. W klatce musi być też miseczka na pokarm i domek, w którym myszka wymości sobie gniazdko.

WARTO WIEDZIEĆ
Kot jest naturalnym wrogiem myszy, dlatego w domu może jej nie akceptować i na nią polować. Nie zawsze klatka w wystarczający sposób chroni gryzonia (kot potrafi wyciągnąć mysz z klatki), a wystawiony poza jej obręb ogon myszy może stanowić dla kota zachętę do ataku.

Szczur

Szczury są inteligentne, ruchliwe i bardzo lubią kontakt z człowiekiem. Choć w naturze są aktywne nocą, a odpoczywają za dnia, to dość szybko dostosują się do naszego trybu życia. Śmiało można je wypuszczać z klatki, ale pod kontrolą. Warto zabezpieczyć kable i doniczki z roślinami, które mogą okazać się trujące dla naszego gryzonia.

Szczury samodzielnie dbają o swoje futerko, ale można je przeczesywać miękką szczoteczką do zębów. Raz na 1-2 miesiące powinno się przycinać szczurze pazurki.

Im większa klatka dla szczura, tym lepiej. Polecane są te kilkupoziomowe – ze względu na zamiłowanie szczurów do wspinania się. Dno wysypujemy warstwą trocin lub drewnianych pellet. Drewniany domek posłuży za schronienie w chwili zagrożenia oraz za sypialnię, a dodatkowe drabinki, tunele i hamaki umilą zwierzęciu czas spędzany w klatce. Niektóre szczury lubią też biegać w kołowrotkach. Jako że zęby szczura stale rosną, warto umieścić w klatce drewniane klocki lub gałązki. Poidełko i miseczkę na pokarm trzeba myć i uzupełniać na bieżąco. Zabrudzoną ściółkę należy usuwać codziennie, całościowo zaś raz na tydzień.

Szczury karmi się wysokiej jakości karmą zakupioną w sklepie zoologicznym. Powinna być ona dostępna przez cały czas. Jako urozmaicenie diety warto zwierzęciu podawać świeże marchewki, brokuły, jabłka, truskawki, banany lub maliny. Niezjedzone w ciągu 24 godzin warzywa i owoce trzeba usunąć z klatki. Szczury potrzebują też białka zwierzęcego, dlatego chętnie spałaszują gotowane jajka, biały ser i jogurt naturalny. Lubią także gotowany makaron, ale należy go podawać w niewielkich ilościach, gdyż jest tuczący.

CIEKAWOSTKA
Naukowcy udowodnili, że szczury potrafią rozpoznać nastrój człowieka. Umieją też porozumiewać się między sobą telepatycznie.

Szynszyla

Szynszyle to zwierzątka bardzo towarzyskie, dlatego w dużej klatce warto hodować kilka osobników. Te żyjące w pojedynkę mogą stać się osowiałe. Wewnątrz klatki należy umieścić półki, drabinki i konary z drzew owocowych, po których zwierzątka będą mogły się wspinać i biegać. Schronienie i dobry sen zapewni im drewniany domek. W klatce musi się znaleźć również pojemnik z piaskiem. Szynszyle lubią zażywać kąpieli piaskowych, a robią to 2-3 razy w tygodniu.

Szynszyle łatwo się oswajają i szybko przywiązują do właściciela. Akceptują też inne zwierzęta domowe – należy jednak uważać, aby nie stały się obiektem ataków, np. ze strony kota lub psa.

Szynszyle to zwierzęta aktywne nocą i śpiące w ciągu dnia. Jeśli ustawisz ich klatkę w nasłonecznionym miejscu, będą spać za dnia, jeśli zaś w zaciemnionym pokoju, zaczną być aktywne.

W poidełku szynszyli zawsze musi znajdować się świeża woda, którą popiją m.in. siano, suszone zioła i lucernę. Lubią obgryzać gałązki drzew owocowych lub wierzby. Kilka razy w tygodniu szynszylom warto podawać też brokuły, pomidory, pasternak, cykorię i pietruszką. Warzywa należy dokładnie umyć i wysuszyć. Nigdy nie podaje się ich zimnych i prosto z lodówki. Szynszyle nie mogą jeść orzechów i cukru, dlatego należy unikać karmienia ich owocami.

WARTO WIEDZIEĆ
Futerko szynszyli jest bardzo miękkie (30 razy bardziej niż ludzkie włosy) i delikatne, dlatego nie wolno go dotykać mokrymi i lepkimi rękami. A kiedy zamkniesz oczy i opuszkami palców dotkniesz futerka, twoje receptory skórne nie zarejestrują kontaktu.

Myszoskoczek

Dla myszoskoczków lepsze będzie akwarium lub terrarium niż klatka. Mogą gryźć jej pręty, a ściółkę wyrzucać na zewnątrz, gdyż bardzo lubią kopać. Warstwa ściółki powinna być dość gruba. Do akwarium (terrarium) warto wstawić domek, a przede wszystkim tunele, drabinki i pomosty, by zwierzęta mogły dać ujście swojej energii. Chętnie korzystają też z kołowrotków. Nie można zapomnieć o wiszącym poidełku ze świeżą wodą oraz ceramicznej miseczce na pokarm.

Podstawowym pokarmem myszoskoczków są ziarna pszenicy, owsa i żyta. Z owoców i warzyw można im podawać: jabłka (bez pestek), brokuły, marchew, kalafiory (również liście), ogórki, pietruszkę, buraki czy kalarepę. Gryzonie te nie pogardzą pestkami słonecznika, ale nie należy dawać ich w dużych ilościach, gdyż są zbyt tłuste. Chętnie od czasu do czasu myszoskoczki poskubią kawałeczek sera lub gotowane jajko. Gałązki brzozy i wierzby umożliwią im ścieranie ząbków.

Myszoskoczki są wesołymi i ruchliwymi gryzoniami, które łatwo się oswajają i szybko przywiązują do właściciela. Lubią głaskanie oraz wspólne zabawy. Są bardzo towarzyskie, dlatego najlepiej hodować co najmniej dwa osobniki. Trzeba pamiętać o tym, by myszoskoczka nie łapać za ogon – inaczej można okaleczyć zwierzę, gdyż końcówka jego ogona łatwo się odrywa.

Futerko myszoskoczków nie wymaga specjalnej pielęgnacji, gdyż zwierzęta te same doskonale o nie dbają, myjąc ciało od czubka nosa aż po koniec ogona. W toalecie pomagają też sobie nawzajem, czyszcząc trudniej dostępne miejsca. Myszoskoczki uwielbiają kąpiele w piasku, dlatego w klatce należy umieścić pojemnik ze specjalnym pyłkiem kąpielowym.

WARTO WIEDZIEĆ
Spacer po pokoju to dla ciekawskiego myszoskoczka najlepsza rozrywka, jakiej może zaznać w domowych warunkach. Dlatego wypuszczaj go jak najczęściej, oczywiście wcześniej zabezpiecz wszystkie kable, rośliny i wąskie szczeliny za ciężkimi meblami.

Koszatniczka

Koszatniczki są wrażliwe na dotyk, dlatego nie wolno ich zbyt mocno ściskać czy tarmosić. Nie można też łapać zwierzątka za ogon, nawet w czasie zabawy. Bardzo łatwo bowiem oderwać z niego pędzelek (zakończenie ogona). Koszatniczka odrzuci wtedy ogonek, a nowy pędzelek już nigdy nie odrośnie.

W dużej, najlepiej piętrowej klatce nie powinno zabraknąć grubej warstwy trocin (ściółkę należy wymieniać przynajmniej raz w tygodniu) i co najmniej jednego drewnianego domku lub ceramicznej groty. Koszatniczka lubi suche kąpiele, więc pojemnik ze specjalnym piaskiem jest obowiązkowy. Do tego poidełko ze świeżą wodą i ceramiczna miseczka na pokarm. Nie można stale trzymać koszatniczek w klatce, ale niestety nie uszanują na zewnątrz naszej własności – lubią podgryzać meble czy kable.

Koszatniczki są bardzo aktywne, ciekawskie i lubią kontakt z człowiekiem, dlatego tak bardzo lubią je dzieci. Przez długie godziny mogą obserwować klatkę, a w niej dzikie harce koszatniczek, które zwinnie biegają po gałązkach, drabinkach czy kręcą się w kołowrotku. Niestety koszastniczki nie usiedzą spokojnie na rękach czy kolanach człowieka. Gryzonie te za to chętnie przytulają się do miękkich maskotek i do siebie nawzajem. Najlepiej trzymać kilka koszatniczek.

W sklepie zoologicznym można kupić specjalny pokarm (kolby, granulat, mieszanki ziaren) dla tych gryzoni. Koszatniczki chętnie zjedzą świeże lub suszone liście mniszka lekarskiego, babki lancetowatej czy malin. Dietę urozmaicą też świeże warzywa. Koszatniczkom nie wolno podawać cukru – niemalże go nie trawią i mają wrodzoną skłonność do cukrzycy. Jego spożycie grozi ślepotą lub nawet śmiercią zwierzątka.

CIEKAWOSTKA
Koszatniczki wydają całą masę dźwięków – piski, ćwierkanie – bez względu na porę dnia czy nocy.

Wiewiórka

Aby oswoić wiewiórkę, potrzeba sporo czasu. Konieczny jest stały kontakt człowieka ze zwierzątkiem, wołanie go po imieniu i pokazywanie mu, co wolno, a co jest zabronione. Wiewiórka to bardzo czyste zwierzątko. Sama dba o swoje futerko, często je czyści i wylizuje. Oswojoną wiewiórkę można nauczyć chodzić na smyczy.

Dla wiewiórki najlepiej wybrać gotową karmę. Dodatkowo można podawać owoce, warzywa i grzyby leśne oraz pokarm zwierzęcy, np. larwy. Przysmakiem wiewiórki są nasiona słonecznika, dyni i orzechy. Zwierzę powinno mieć też dostęp do kostki wapiennej, która uzupełni minerały. Pożywną zabawką dla wiewiórki będzie kolba kukurydzy lub szyszki. Należy pamiętać, że zwierzęta te gromadzą zapasy tkanki tłuszczowej na zimę, dlatego w okresie jesienno-zimowym będą jadły więcej.

Wiewiórka potrzebuje naprawdę dużej klatki (woliery), w której znajdą się gałęzie lub innego rodzaju konstrukcje, by zwierzątko mogło się po nich wspinać, ewentualnie poobgryzać, gdyż musi ścierać stale rosnące zęby. Konieczne są też domki z grubego drewna (będą podgryzane), i to kilka – osobne na sypialnię i spiżarnie. Poidełko z wodą i miska z jedzeniem muszą być czyste i uzupełniane na bieżąco. Przyda się także kuweta z naturalnym żwirkiem.

Wypuszczając wiewiórkę poza wolierę, trzeba się liczyć z tym, że z pewnością nabroi – pogryzie kable, strąci doniczkę, wejdzie za szafę czy stłucze kubek lub szklankę.

WARTO WIEDZIEĆ

Aby mieć wiewiórkę w domu, nie wolno jej łapać w parku. Gatunki hodowlane, np. wiewiórki syberyjskie, czyli burunduki, kupuje się u hodowcy lub w sklepie zoologicznym.

Królik

Króliki są zwierzętami ciekawskimi, a przede wszystkim towarzyskimi – w naturze żyją w dużych koloniach – dlatego wymagają sporo uwagi i zaangażowania. Najlepiej więc, by w domu były co najmniej dwa zwierzątka. Króliki to wielkie pieszczochy, lubią się bawić, przytulać i być głaskane, ale bywają też indywidualistami. Śpią zarówno w ciągu dnia, jak i w nocy, a najbardziej aktywne są rano i wieczorem.

Klatka dla królika musi być dostosowana do jego rozmiarów i wyposażona w poidełko, miseczkę na pokarm, paśnik z sianem, drewniany domek, w którym zwierzę będzie mogło się schować, oraz kuwetę. Do kuwety można wsypać żwirek, a resztę klatki wyłożyć sianem lub kocykiem. Królika należy wypuszczać z klatki na 3-4 godziny dziennie, by mógł swobodnie pobiegać po mieszkaniu. Zapobiegnie to np. skrzywieniom kręgosłupa i otyłości. Królikowi powinno się regularnie przycinać pazurki i czesać futro (dotyczy to szczególnie ras długowłosych).

Nie obawiaj się, kiedy zobaczysz, że królik zjada swoje odchody. Zwierzęta te wydalają nie tylko zwykły kał (tzw. królicze bobki), ale także cekotrofy, przypominające wyglądem maliny. Zawierają one mnóstwo białka, łatwo przyswajalnych witamin i minerałów oraz nienasyconych tłuszczów. Zjadanie odchodów w świecie zwierząt nazywane jest kaprofagią.

Królik jest zwierzęciem roślinożernym, uwielbia różne trawy i zioła. Dobrze, gdy wchodzą one także w skład podawanego mu siana. Zwierzę powinno dostawać też gałązki (np. jabłoni, gruszy, malin czy brzozy), aby ścierać zęby, które stale rosną. Pożywienie królika stanowią również warzywa i owoce oraz specjalny granulat.

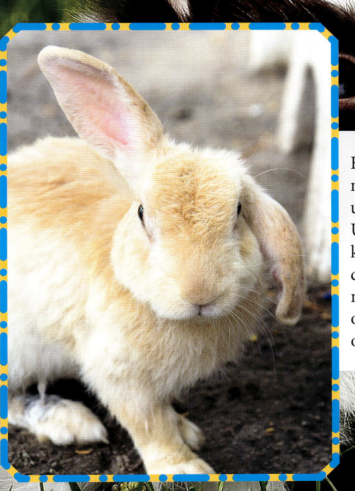

Królika nie wolno podnosić za uszy, gdyż można mu uszkodzić kręgosłup. Co ciekawe, uszy służą do regulacji temperatury ciała. Unikać należy też podnoszenia za skórę na karku bez podtrzymywania zwierzęcia od dołu. Nie wszystkie króliki lubią być brane na ręce. Wypuszczając je z klatki, wystarczy otworzyć drzwiczki, a zwierzak sam ją opuści.

WARTO WIEDZIEĆ
Jeśli w twoim domu mieszka królik, musisz pochować lub zabezpieczyć wszystkie wystające kable oraz przestawić stojące na podłodze doniczki z kwiatami, ponieważ twój pupil może je obgryzać.

Lotopałanka

Lotopałanki mają grube, miękkie futro, zwykle w kolorach szarości, z ciemnym paskiem biegnącym od głowy do końca ogona. Jednak najbardziej charakterystyczną cechą zwierzęcia jest płat skóry (patagium), rozciągający się po obydwu stronach tułowia, od kończyn przednich do tylnych. Umożliwia im to lot poślizgowy na znaczną odległość. Lotopałanka jest zwierzęciem, które nawiązuje z człowiekiem specjalną więź. Każda zmiana właściciela czy otoczenia jest dla niej bardzo stresująca.

Choć lotopałanka lubi kontakt z właścicielem, sam proces oswajania tego ssaka i zaakceptowania nas jako członków stada wymaga niekiedy sporo czasu, a przede wszystkim naszej cierpliwości. Do tego hodowla pojedynczej lotopałanki nie wchodzi w grę, jeśli właściciel nie zamierza poświęcać sporo czasu zwierzęciu.

Dieta lotopałanki powinna być urozmaicona. Zwierzę chętnie zje słodkie owoce (mango, banany, truskawki, przejrzałe jabłka i gruszki), nieco mniej będą mu smakować warzywa (marchew, kalafior, nać pietruszki). Potrzebuje też pokarmu zwierzęcego – świerszczy, larw mącznika czy drewnojada. Żywy, ruchliwy pokarm jest bardzo wskazany. Lotopałanka lubi szukać pożywienia wśród liści, dlatego ucieszy się ze sporych gałązek z czereśniami, wiśniami lub borówką amerykańską.

Duża klatka (woliera) dla lotopałanki powinna być wyposażona w dziuple, w których zwierzę będzie spędzało większą część dnia. Do nocnej aktywności przydadzą się zaś liczne gałęzie, konary i grube sznurki konopne. W naturze lotopałanki spędzają sporo czasu na szukaniu pożywienia, świetnie więc sprawdzą się liczne kryjówki (bambusowe rurki z otworami, łupiny kokosowe), gdzie schowamy dla niej przysmaki. Poidełko z wodą powinno być zawsze pełne.

Lotopałanka prowadzi nocny tryb życia i nie przejawia skłonności do zabawy w ciągu dnia. Chętnie za to pobawi się z nami wieczorem. Oswojoną lotopałankę można spokojnie wypuszczać z klatki. W przeciwieństwie do gryzoni, nie ma zwyczaju podgryzania kabli czy przestawiania wszystkiego wokół.

CIEKAWOSTKA
Lotopałanka jest torbaczem, podobnie jak kangur czy koala, czyli jej młode rozwija się w specjalnej torbie (kieszeni) na brzuchu.

Jeż pigmejski

Jeż pigmejski jest zwierzęciem aktywnym i bardzo ciekawskim, które musi mieć codzienny kontakt z człowiekiem. Przywiązuje się do właściciela i potrafi okazać mu sympatię. Jeże dogadują się również z innymi zwierzętami domowymi, takimi jak koty i psy. Oczywiście należy je stopniowo do siebie przyzwyczajać. Jeż pigmejski nie jest jednak wskazany dla małych dzieci, które mogą nie rozumieć, dlaczego jeżyk nie chce się z nimi bawić w dzień, zwija się w kulkę lub na nie fuka.

W ciągu dnia jeż śpi i nie należy go wtedy niepokoić. Za to wieczorem i w nocy rozpiera go energia. Nie ma siły, by usiedział spokojnie na kolanach właściciela. Lubi biegać po pokoju (nie interesuje się kablami), a przede wszystkim w kołowrotku. W ciągu nocy potrafi przebiec nawet kilka kilometrów. Niestety jeż załatwia się podczas korzystania z zabawki, dlatego konieczne jest codzienne dbanie o jej czystość.

Najlepsze dla jeża będzie spore akwarium lub terrarium, a w nim budka do spania i kuweta ze żwirkiem, z której zwierzę powinno nauczyć się korzystać. Dno warto wyłożyć trocinami i umieścić tam różne szmatki (najlepiej polar), którymi jeżyk wymości swoje gniazdo. Miseczki powinny być ciężkie i dość płytkie. Wtedy jeż ich nie przewróci, a jedzenie się nie wysypie. Niezbędny jest także kołowrotek.

Największymi przysmakami jeża są: mączniki, drewnojady i gotowany indyk, ale podstawę jego diety stanowi sucha i mokra, wysokiej jakości karma dla kociąt. Menu jeża można urozmaicić, podając zwierzęciu świeżego ogórka, gotowaną marchewkę, jabłko, gruszkę czy jajko na twardo. Trzeba pamiętać, że jeże powinny pić wodę z miseczki – korzystając z poidełka, mogą uszkodzić zęby.

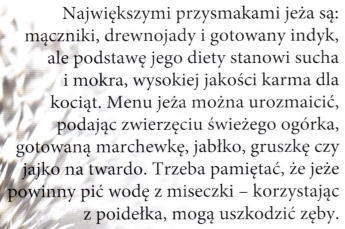

Jeż sam dba o swoją higienę. Jedynie od czasu do czasu wymaga przycięcia pazurków. Czasem można go przeczesać i pomasować miękką szczoteczką do zębów, a w razie potrzeby wykąpać w ciepłej wodzie z dodatkiem szamponu dla kociąt lub szczeniąt.

WARTO WIEDZIEĆ

Jeż może ugryźć, ale nie wynika to z agresji, tylko może zrobić to przez pomyłkę. Zwierzę działa instynktownie i czasem może pomylić zapach rąk z zapachem jedzenia.

Egzotyczne ptaki

Świat egzotycznych ptaków jest niezwykły. Te fruwające stworzenia nie tylko cieszą oczy barwnymi piórami i pięknie śpiewają, ale czasem też mówią jak ludzie. Dzięki osiągnięciom hodowlanym przedstawicieli tego fascynującego świata można mieć we własnym domu. Dziś hodowla egzotycznych ptaków staje się coraz bardziej popularnym sposobem spędzania wolnego czasu. Okazuje się, że ptaki te pielęgnuje się podobnie jak inne zwierzęta. Trzeba tylko posiadać odpowiednią wiedzę i odrobinę cierpliwości.

Ara

Ary bardzo łatwo się oswajają i dobrze żyją z człowiekiem, ale mogą atakować inne zwierzęta. Mają duże zdolności naśladowania, dlatego można je wyuczyć powtarzania kilku słów lub zwrotów. Na rozmowę z papugą nie ma jednak co liczyć. Co ciekawe, gdy ara przebywa w otoczeniu psów, nauczy się szczekać, a jeśli obcuje z kotami – miauczeć.

Najsłynniejsze papugi – ary – można trzymać zarówno w domu, jak i na zewnątrz. Ich woliera musi być sporych rozmiarów i dość solidna. To duże ptaki, które potrafią przegryźć zbyt cienkie pręty klatki swymi potężnymi dziobami. Wewnątrz powinno znaleźć się zadaszone miejsce, gdzie ptaki będą mogły się schować. Przydadzą się drewniane żerdzie lub grube konary, na których ary będą siedzieć i skubać ich korę. Dno woliery najlepiej obsiać mieszanką traw.

Karma dla ary powinna zawierać nasiona słonecznika, owsa, gryki i pszenicy, gotowane ziarno kukurydzy oraz różnego rodzaju owoce (banany, pomarańcze) i orzechy, a także czerstwą bułkę i suchary. Papugi te chętnie zjadają też pąki i pędy drzew owocowych oraz ich korę.

Zdenerwowana lub tęskniąca za właścicielem ara może hałasować (bywa bardzo krzykliwa), przez kilka dni nie jeść lub siedzieć napuszona. Kiedy opiekun spędza z nią odpowiednio dużo czasu, papuga ta jest wesołym ptakiem, który lubi zabawy i kąpiele.

CIEKAWOSTKA
Ara jest papugą długowieczną. Odpowiednio pielęgnowana i odżywiana może dożyć nawet 80 lat.

Żako i kakadu

Żako lubią zażywać kąpieli i fruwać po pokoju. Hodowane od pisklęcia dają się łatwo prowadzić. Można wyuczyć je wielu czynności, pojedynczych słów, całych zwrotów, a nawet melodii. Bardzo przywiązują się do właściciela i rodziny. Kiedy poświęca się papudze zbyt mało czasu, będzie się skubać, a nawet zachoruje.

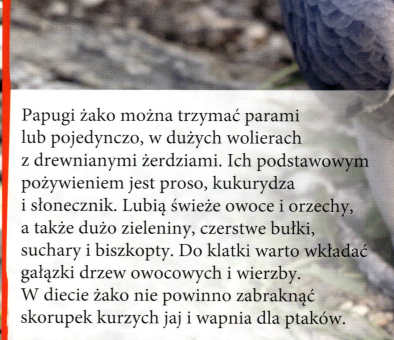

Papugi żako można trzymać parami lub pojedynczo, w dużych wolierach z drewnianymi żerdziami. Ich podstawowym pożywieniem jest proso, kukurydza i słonecznik. Lubią świeże owoce i orzechy, a także dużo zieleniny, czerstwe bułki, suchary i biszkopty. Do klatki warto wkładać gałązki drzew owocowych i wierzby. W diecie żako nie powinno zabraknąć skorupek kurzych jaj i wapnia dla ptaków.

Kakadu jest bardzo inteligenta i podatna na tresurę, dzięki czemu łatwo uczy się sztuczek. Oprócz specjalnej karmy dla dużych papug powinna codziennie dostawać świeże owoce i warzywa. Bardzo lubi orzechy.

Kakadu są przyjacielskie i szybko przywiązują się do właściciela. Co ciekawe, papuga ta sama go sobie wybiera spośród członków rodziny, niekoniecznie zgodnie z ich życzeniami. W naturze żyje w stadach, dlatego opiekun powinien spędzać z nią sporo czasu lub kupić kilka osobników. Kakadu lubią głaskanie i przytulanie. Powinny mieć sporą wolierę i codzienną możliwość spacerów po mieszkaniu. Kiedy kakadu się przestraszy, rozkłada charakterystyczny czub z piór, który ma na głowie.

WARTO WIEDZIEĆ

Wypuszczając papugę z klatki, trzeba upewnić się, że drzwi i okna są zamknięte, a firanki zasunięte (zapobiega to zranieniu się ptaka o szybę). Należy zabezpieczyć również rośliny, inaczej mogą zostać pozbawione kwiatów i liści.

Nimfa i papużka falista

Nimfy zjadają nasiona owsa, słonecznika i różnych traw oraz owoce. Wapno ptasie i skorupki jaj kurzych dostarczą im niezbędnych składników mineralnych. Papugi codziennie zajmują się czyszczeniem swojego upierzenia. Co ciekawe, pióra nimf, podobnie jak kakadu, produkują puder, który służy do ich pielęgnacji. Niestety może on uczulać ludzi.

Nimfa łatwo się oswaja i szybko uczy nowych dźwięków i melodii. Jest bardzo kontaktowa. Chętnie bawi się ze swoim opiekunem. Oswojony ptak może godzinami siedzieć na ramieniu właściciela. Częściej wspina się, niż lata. Jej klatka powinna być zaopatrzona w pojemniki do jedzenia, picia i kąpieli. Dno należy wysypać czystym piaskiem. Drewniane żerdki, co najmniej dwie, umieszcza się na takiej wysokości, by papużka nie dotykała czubkiem na głowie sklepienia, a ogonem dna klatki.

Papużka falista jest ciekawska i bardzo ruchliwa. Lubi być stale czymś zajęta. Sprawdzi się świetnie jako przyjaciel dziecka. Trzeba do niej często mówić, zapewniając jej tym samym rozrywkę. Papużkę karmi się raz dziennie nasionami zbóż, traw i ziół. Chętnie spałaszuje owoce (jabłka, wiśnie, winogrona) i warzywa (tartą marchewkę, pomidora, sałatę). Lubi sucharki, biszkopty oraz korę i pączki drzew owocowych, klonu, brzozy i wierzby.

Klatka dla papużki falistej powinna stać w zacisznym miejscu, z dala od telewizora i komputera. Musi być prostokątna – w okrągłych papużki źle się czują. Wskazane są żerdzie drewniane i nieokorowane. Dno klatki wysypuje się drobnym piaskiem z rozdrobnionymi muszelkami, który ułatwia papużkom trawienie. W klatce koniecznie trzeba zainstalować huśtawki, drabinki, lusterka i dzwoneczki.

WARTO WIEDZIEĆ
Papugom nie należy podawać orzechów ziemnych, mleka, żółtego sera oraz surowego mięsa.

Papuga kozia i zeberka

Papuga kozia, czyli modrolotka czerwonoczelna, jest bardzo ruchliwym, ciekawskim i sympatycznym mieszkańcem woliery. Ten bardzo kontaktowy ptaszek (łatwo się oswaja i przywiązuje do właściciela) ma interesujący głos, który przypomina meczenie młodej kózki. Papużki te najlepiej trzymać parami, mogą też mieszkać z innymi spokojnymi papużkami. Lubią swobodnie latać, a po ziemi skaczą.

Klatka dla papugi koziej powinna mieć wysokie dno wysypane piaskiem, w którym ptak będzie chętnie kopać. Liczne żerdki i gałązki umilą mu czas spędzany w zamknięciu. Papużki kozie karmi się słonecznikiem, prosem, kanarem i skiełkowaną pszenicą. Lubią tartą marchew i zieleninę (np. mniszek lekarski). Chętnie zjadają młode gałązki drzew owocowych i świeże owoce.

Niektóre modrolotki są w stanie zapamiętać i powtórzyć nawet kilkadziesiąt słów i prostych zwrotów.

W naturze zeberki żyją w dużych grupach, dlatego warto kupić przynajmniej dwa ptaszki, a najlepiej kilka par. Oczywiście trzeba dysponować odpowiednio dużą klatką lub wolierą ustawioną w spokojnym miejscu. Wewnątrz warto umieścić pęczki witek wierzbowych, huśtawkę i płytki basenik z wodą. Zeberki bardzo lubią się kąpać.

Zeberki nie są tak kolorowe jak niektóre papugi, nie śpiewają, choć wydają całkiem miłe gwizdy i ćwierkania, niezbyt łatwo się oswajają, ale są towarzyskie i nie można ich pozostawić samym sobie, szczególnie w ciasnej klatce. Podstawą ich pożywienia są ziarna, nasiona i kiełki traw lub chwastów. Mocny dziobek jest przystosowany do wydobywania orzechów z łupinek. Lubią pąki drzew, owoce i kwiaty. Zeberki połykają też grudki ziemi lub gliny, aby uzupełnić składniki mineralne.

CIEKAWOSTKA

Samca zeberki od samicy można odróżnić po pomarańczowych policzkach i rudych piórkach w białe kropki poniżej skrzydeł.

Słowik

Słowiki to towarzyskie ptaszki, które nie lubią samotności. Hodowane w grupie, mają ładniejszy wygląd, są ożywione, wesołe i chętnie śpiewają. Bardzo lubią siedzieć na gałązkach przytulone do siebie nawzajem.

Słowiki są ruchliwe, powinny więc mieć sporą klatkę, a w niej przede wszystkim gałązki krzewów, które dają im namiastkę natury. Dno należy wysypać piaskiem, co pozwoli utrzymać czystość w klatce. Obowiązkowe jest miejsce na miseczkę z wodą, służącą do kąpieli.

Słowiki są owadożerne. Lubią mrówcze jaja, larwy mączników, koniki polne, gąsienice czy chrabąszcze. Pokarm można też przyrządzić samodzielnie, mieszając gotowane jajko, biszkopty (tartą bułkę), tartą marchew z sercami lub wątróbką. Z nasion lubią słonecznik, kanar, proso i mak.

Słowiki śpiewają głośno i dość wytrwale. Co ciekawe, im więcej żywego, urozmaiconego pokarmu w diecie słowika, tym jego śpiew jest intensywniejszy.

CIEKAWOSTKA
Słowik trzymany pojedynczo szybko się oswaja i chętnie pobiera pokarm z ręki. Oswajanie będzie trudniejsze, gdy hodujemy parkę lub więcej ptaszków.

Kanarek

Kanarek to sympatyczny ptaszek, który umili czas domownikom, pięknie śpiewając. Jednak nie robi tego, gdy jest samotny. Najlepiej więc kupić parkę. Jeśli chcemy mieć tylko jednego kanarka, trzeba zapewnić mu poczucie bezpieczeństwa i nasze towarzystwo. Warto do niego często mówić. Obecność kota może być dla niego bardzo stresująca.

Kanarek należy do ptaków zwanych ziarnojadami, czyli żywi się przede wszystkim różnego rodzaju nasionami. Karma dla kanarka powinna zawierać proso, siemię lniane i owies. Największym przysmakiem tego ptaszka jest kolba kukurydzy. Chętnie spałaszuje też pokrojone jabłko, sałatę i listki mniszka lekarskiego.

Klatka dla kanarka nie musi być duża, ale powinna mieć dwa karmniki, poidełko i miseczkę z czystą wodą, w której ptaszek chętnie będzie się kąpał. Do wody można dodać specjalną sól do kąpieli dla ptaków. Dno klatki najlepiej wysypać piaskiem, a żerdki (co najmniej dwie) muszą być z miękkiego drewna. Wewnątrz warto też umieścić świeże gałązki z pąkami i listkami.

Kanarek jest wrażliwy na zmiany temperatury, dlatego jego klatki nie wolno stawiać blisko kaloryfera, na parapecie lub na balkonie ani w przeciągu. Ptaszek powinien mieć jednak dostęp do promieni słonecznych, i to nie przez szybę. Słońce jest niezbędne przy wytwarzaniu witaminy D.

WARTO WIEDZIEĆ
Od czasu do czasu trzeba przyciąć kanarkowi pazurki. Nie jest to czynność trudna, choć zwykle kosztuje wiele stresu, tak samego ptaszka, jak i właściciela.

Amadyna wspaniała

Amadyny nie lubią samotności i najlepiej czują się, gdy jest ich kilka w klatce lub wolierze. Są to ptaki płochliwe i obecność człowieka nie zawsze jest dla nich komfortowa. Amadyny mogą czuć się wtedy niepewnie. Niestety nie przyfruną też na zawołanie, za to uważane są za najpiękniej ubarwione ptaki na świecie.

Amadyny są zwinne, szybkie i doskonale fruwają. Nie powinny być raczej wypuszczane z klatek, gdyż ze względu na płochliwy charakter mogą zrobić sobie krzywdę. Łączą się w pary na całe życie, chyba że zostaną rozdzielone, to wtedy szybko skojarzą się z innym ptakiem.

Pożywienie amadyny powinno być urozmaicone i zawierać nie tylko proso i kanar, ale też nasiona traw, sałaty, lnu oraz różnych chwastów. W pojemnikach na dnie klatki warto wysiać trawę lub proso, które ptaki lubią wyrywać i zjadać. Co ciekawe, zieleniny rzuconej do klatki prawie nie zauważają. Warto podawać im larwy mączników i mrówcze jaja, mielone skorupki kurzych jaj oraz mleko w proszku. Czysty piasek zapewni potrzebne ptakom sole mineralne.

Amadyna jest wrażliwa na przeciągi i gwałtowne spadki temperatury. Nie wolno więc narażać jej na zbyt wysoką ani zbyt niską temperaturę. Warto też zadbać o odpowiednią wilgotność pomieszczenia, w którym stoi klatka. Oprócz podstawowego wyposażenia w wolierze warto umieścić rozwidlone gałęzie i sztuczne rośliny pnące, dając ptaszkom namiastkę naturalnego środowiska.

CIEKAWOSTKA
Amadyna występuje w trzech odmianach barwnych: czerwonogłowej, czarnogłowej i żółtogłowej.

W akwarium

Posiadanie akwarium nie będzie zbyt kłopotliwe, o ile wybierze się tzw. akwarium towarzyskie, czyli tropikalne słodkowodne, które jest przystosowane do hodowli różnych gatunków rybek. Na początek warto wybrać te łatwe w utrzymaniu. A potem wystarczy już tylko kilka minut dziennie i wymiana wody co jakiś czas, aby móc z ciekawością obserwować fascynujące życie mieszkańców małego podwodnego świata.

Gupiki lubią żyć w grupie (źle znoszą samotność). W akwarium, ze sporą ilością roślin (także pływających) i niebyt silnym prądem wody przyjmują każdy drobny pokarm. Łatwo się rozmnażają. Odpowiednim towarzystwem dla gupików będą kiryski, bystrzyki czy mieczyki.

Bystrzyk czerwony żyje w ławicach, dlatego najlepiej czuje się w towarzystwie innych rybek tego gatunku. Są to rybki wszystkożerne. Samca wyróżnia czerwona płetwa ogonowa z czarnym brzegiem. Bystrzyki powinny żyć w akwarium z niezbyt jasnym światłem i ciemnym podłożem, z dużą ilością roślin i odpowiednią przestrzenią do pływania.

Kiryski można poznać po charakterystycznych wąsikach. Żywią się pokarmem opadającym na dno. Niezbyt gęsto obsadzone roślinami akwarium powinno być zaopatrzone w kryjówki z korzeni i kamieni. Rybki te są spokojne i towarzyskie. Można je trzymać z mieczykami Hellera i molinezjami.

Samce mieczyka Hellera bywają agresywne wobec siebie (w akwarium wyznaczają swoje rewiry). Rybki te przyjmują pokarm suchy, żywy (przysmakiem są pokrojone dżdżownice i larwy komarów) oraz roślinny, lubią też jeść glony. Akwarium powinno być duże i dobrze oświetlone, obsadzone roślinami.

CIEKAWOSTKA
Rybki karmi się raz lub dwa razy dziennie. Podaje im się taką ilość pokarmu, którą mogą zjeść w ciągu ok. 5 minut.

Molinezja ostrousta lubi towarzystwo, dlatego powinna żyć w ławicach po kilka sztuk. Chętnie poluje na larwy komarów, uwielbia dżdżownice i posiekaną wołowinę, ale musi mieć dostęp do pokarmu roślinnego. Zjada też glony, czyszcząc tym samym akwarium. Do wody warto dodać trochę soli kuchennej lub morskiej (1 łyżeczka na 10 l), która sprzyja dobremu samopoczuciu molinezji.

Brzanka sumatrzańska należy do rybek stadnych, dlatego w akwarium najlepiej umieścić co najmniej 8-10 sztuk. Wtedy lepiej się rozwijają i są mniej agresywne w stosunku do innych gatunków, a trzeba wiedzieć, że lubią obgryzać płetwy innych ryb. Nie tolerują też wolno pływających i weloniastych odmian. Zjedzą każdy pokarm.

Skalar żaglowiec jest rybą długowieczną, może żyć nawet 15 lat. Srebrzystozielone ubarwienie z ciemnymi, pionowymi pręgami, ułatwia kamuflaż. Jego płetwy przypominają żagiel. Jest rybą stadną i pokojowo nastawioną do innych. Preferuje pokarm żywy, w tym narybek i małe rybki znajdujące się w akwarium, dżdżownice czy larwy komarów. Spore akwarium, choć obsadzone roślinami, powinno mieć dużo przestrzeni do pływania.

Bojownik wspaniały może być czerwony, brunatny, zielony, czarny lub niebieski. Ma mocno uzębioną szczękę i oddycha powietrzem atmosferycznym. Samiec jest agresywny, jeśli trzyma się go z innymi przedstawicielami tej samej płci. Po walkach płetwy bywają bardzo poszarpane, ale szybko się regenerują. Lubi drobne bezkręgowce, mięso wołowe i drobiowe. Akwarium powinno być przykryte i obsadzone dużą ilością roślin, zapewniających samicom schronienie.

Welony, zwane złotymi rybkami żywią się pokarmem żywym, mrożonym i suchym, uzupełnianym pokarmem roślinnym. Akwarium powinno być duże, z roślinami pływającymi i o mocnych korzeniach. Welony lubią przekopywać dno, doprowadzając do szybkiego zabrudzenia zbiornika. Wodę trzeba więc często wymieniać. Welonów nie wolno trzymać samotnie, w małych, niefiltrowanych kulach. Wtedy chorują.

Zbrojnik pospolity zwinnie porusza się po szybach i dnie, gdzie spędza większość czasu. Ryby te są aktywne głównie w nocy i w porach karmienia. Co ciekawe, jedzą nie tylko glony. Nie pogardzą ogórkiem, siekaną sałatą, szpinakiem, kalafiorem i brokułami. W dość sporym akwarium lubią ciemne dno z kryjówkami oraz miękkim drewnem, którego skrobanie pomaga im w trawieniu.

Przednie odnóża krewetek filtrujących zaopatrzone są w czułki służące do chwytania pokarmu. Krewetki te są gatunkiem płochliwym, ale bywają agresywne, dlatego inni mieszkańcy akwarium powinni być spokojni. Zajmują dolną część zbiornika i z dna pobierają pokarm. Często ustawiają się też w prądzie wody (przy filtrze), by łapać drobne przysmaki. Trzymane w zbyt małym akwarium potrafią z niego uciekać.

Krewetki amano są towarzyskie i najlepiej, gdy jest ich minimum 5 w akwarium. Łagodne usposobienie tych żyjątek pozwala na trzymanie ich z rybkami. Są żarłoczne i dobrze czyszczą akwarium z glonów, ale wymagają dokarmiania. Akwarium powinno być obszerne, obsadzone drobnolistną roślinnością i mieć kryjówki (łupiny orzechów kokosowych, korzenie i kamienie). Są one niezbędne w okresie linienia, czyli zrzucania pancerza.

Ślimak zebra jest spokojny i dobrze żyje w akwarium z rybkami i krewetkami. Prowadzi nocny tryb życia, a w dzień odpoczywa zawsze w tym samym miejscu. Gdy w akwarium jest zbyt słabo natleniona woda lub za mało pokarmu, opuszcza je. Żywi się roślinami (lubi kawałki marchewki, ogórka i selera naciowego) oraz glonami. Co ciekawe, nie zjada żywych i zdrowych roślin.

Zatoczek ma błyszczącą, spiralną muszlę z 5-6 regularnie się zwiększającymi skrętami oraz długie czułki z małymi, czarnymi oczami. Ma też charakterystyczną tarkę zębową (tzw. radulę), za pomocą której zeskrobuje pożywienie. Oddycha tlenem zaczerpniętym z atmosfery, dlatego podpełza pod powierzchnię wody. By ten proces przyspieszyć, często wypuszcza pęcherzyki powietrza z wnętrza skorupy, używając ich jak balastu.

Niezbędne wyposażenie akwarium to: żwirek naturalny o średnicy 2-5 mm, rośliny, oświetlenie o mocy uzależnionej od litrażu akwarium, filtr, grzałka z termostatem, korzenie, kamienie i ceramiczne groty.

W terrarium

Terrarium to specjalne pomieszczenie służące do hodowli zwierząt, przystosowane do ich wymagań w naturalnym środowisku. Panuje tu odpowiednia temperatura i wilgotność powietrza, a podłoże (ziemia, piasek, kora) i dodatkowe wyposażenie (kamienie, korzenie, rośliny) odpowiadają tym w naturze. Choć terraria kojarzą się głównie z gadami i płazami, można w nich hodować również mięczaki, owady oraz pająki.

Żółw wodny i lądowy

Terrarium dla żółwia wodnego powinno być podzielone na dwie części – wodną i lądową. Żółw ten bowiem nie przybywa w wodzie przez cały czas. Basen musi być dostatecznie głęboki, aby gad mógł się całkowicie zanurzyć i swobodnie popływać. Żółw lądowy też chętnie spędzi trochę czasu w wodzie, ale jego basenik musi być na tyle płytki, by stojąc na dnie, mógł utrzymać swoją głowę nad powierzchnią. Wody do basenu nie nalewamy prosto z kranu – powinna odstać przynajmniej dobę.

Żółw spożywa białko, a więc m.in. dżdżownice, świerszcze, ślimaki, rybki lub krewetki. Najlepiej umieścić je żywe w żółwim terrarium. Świetnym pokarmem są też rośliny polne (zawsze z czystych ogródków lub łąk) – mniszek lekarski, babka, koniczyna, dziewanna i rumianek. Trzeba pamiętać, że dla żółwi lądowych trujące są: bluszcz, bukszpan, dziurawiec i fiołek afrykański.

Żółwie to zwierzęta ciepłolubne, dlatego w terrarium należy zamontować lampkę. Najlepiej w rogu, aby zwierz mógł sobie sam wybierać cieplejsze lub chłodniejsze miejsca. Dno warto wyłożyć darnią, czyli kawałkiem ziemi porośniętej trawą, koniczyną, babką czy mniszkiem lekarskim, a część wysypać korą sosnową. Podłoże powinno być na tyle grube, by żółw mógł się zakopać. Przyda się też domek dla żółwia lub chociaż niewielkie zadaszenie w rogu terrarium.

W opiece nad żółwiem może pomagać dziecko, np. karmiąc zwierzątko lub wymieniając wodę. Niestety żółw nie nadaje się do zabawy i przytulania. Można uszkodzić mu pancerz, kiedy ściśnie się go zbyt mocno. Wyjmowanie gada z terrarium to dla niego ogromny stres. Może stać się wtedy agresywny, będzie gryzł i drapał, obsika nas lub schowa się w pancerzu. Żółwiowi, który dużo chodzi po podłodze w mieszkaniu, grozi zwyrodnienie łap. Poza ciepłym terrarium narażony jest też na przeciągi i wychłodzenie.

WARTO WIEDZIEĆ
Młode żółwie karmi się codziennie, starsze zaś co najmniej 3 razy w tygodniu. Żółwiom nie wolno podawać pokarmów jedzonych przez ludzi, a szczególnie słodyczy, chleba, mleka, serów i wołowiny.

Jaszczurki

Jaszczurki nie są zwierzętami, które odwzajemnią uczucia właściciela. Bywają gatunki tak nieśmiałe i płochliwe, że czasem nie można ich nawet wziąć na ręce. Za to oglądanie życia jaszczurek w terrarium może być fascynujące, np. kiedy łapią owady swym długim językiem czy ich oczy poruszają się w różnych kierunkach niezależnie od siebie. Na początek warto wybrać gekona lamparciego lub agamę brodatą. Nieco bardziej wymagający jest kameleon. Te gatunki można oswoić, ale wymaga to sporo czasu i cierpliwości.

Szklane terrarium dla jaszczurek należy wyłożyć korą, pociętymi skorupkami kokosa lub drewnianymi zrębkami. Do wygrzewania się gadów posłużą kamienie, korzenie zaś do wspinaczki. W terrarium musi być ciepło, dlatego należy kupić żarówkę grzewczą lub promiennik. Aby zapewnić odpowiednią wilgotność, terrarium zrasza się wodą co 2-3 dni. Przyda się także płytki basenik, tak by jaszczurka sięgała łapkami dna i bez problemu mogła z niego wyjść.

Jaszczurki nie przepadają za ruchem wokół terrarium i częstym dotykaniem. Nie lubią być także wyjmowane na zewnątrz.

Jaszczurki potrafią bez problemu wspinać się po gładkich powierzchniach. Mają specjalne przylgi i wyrostki na palcach, które pomagają w przyczepności. Jeśli więc terrarium nie będzie nakryte, mogą przy najbliższej sposobności wybrać się na spacer.

WARTO WIEDZIEĆ

Większość jaszczurek jest mięsożerna. Chętnie jedzą wszelkiego rodzaju owady, czasem też młode gryzonie. Dietę można uzupełnić pokarmem roślinnym.

Modliszka i patyczak

Modliszki świetnie nadają się dla początkującego terrarysty. Efektownie wyglądają, a przy tym potrzebują jedynie terrarium z odpowiednią temperaturą i wilgotnością. Do ogrzewania może posłużyć kabel grzewczy z czujnikiem temperatury lub lampka z żarówką o niewielkiej mocy. Modliszki najchętniej jedzą muchy, koniki polne i motyle. Zimą można im kupować żywe świerszcze i mączniki.

Terrarium dla modliszki najlepiej wyłożyć torfem, ewentualnie wysypać piaskiem i uzupełnić kamieniami oraz gałązkami. Trzeba jednak modliszce zapewnić sporo miejsca do swobodnego linienia. Owad ten bowiem musi co jakiś czas zrzucić swój pancerz. W tym okresie nie powinno się go niepokoić.

Pierwsza para odnóży modliszki przekształcona jest w narząd chwytny. Chwyt jest tak silny, że nawet duży konik polny nie jest się w stanie z tego uścisku wydostać.

Patyczaki swoim wyglądem przypominają gałązki. W ten sposób w naturze bronią się przed drapieżnikami – są niewidoczne pośród roślin. Szkoda tylko, że nie można ich pogłaskać ani przytulić, choć można brać je na ręce. Patyczaki nie gryzą, a ich hodowla jest bardzo prosta. Wystarczy niewielkie terrarium, a nawet zwykły słój podświetlony specjalną lampą (jeśli miejsce nie jest zbyt dobrze oświetlone i ciepłe). Trzeba pamiętać, aby nie trzymać zbyt wielu osobników, gdyż mogą być wobec siebie agresywne. Patyczaki jedzą liście malin, truskawek, dębu lub sałaty.

Dno terrarium dla patyczaka wyściela się torfem lub włóknami kokosowymi i układa gałązki, po których owad będzie się poruszać. Ważne jest, by często je wymieniać. Aby patyczak nie wybrał się na spacer po mieszkaniu, górę terrarium zabezpiecza się siateczką o małych oczkach. Ścianki warto spryskać wodą, aby zachować odpowiednią dla patyczaka wilgotność.

Spis treści

Wstęp 3

Kot 4

Pies 8

Gryzonie 12

    Chomik 12

    Kawia domowa 14

    Mysz 18

    Szczur 20

    Szynszyla 22

    Myszoskoczek 24

    Koszatniczka 26

    Wiewiórka 28

Królik 30

Lotopałanka 32

Jeż pigmejski 34

Egzotyczne ptaki 36

    Ara 36

    Żako i kakadu 40

    Nimfa i papużka falista 42

    Papuga kozia i zeberka 44

    Słowik 46

    Kanarek 48

    Amadyna wspaniała 50

W akwarium 52

W terrarium 54

    Żółw wodny i lądowy 58

    Jaszczurki 60

    Modliszka i patyczak 62